bambino LÜK®

basales Training

Meine kleine Welt

Erste Bildwörter 1

W0110752

Gleiche Bilder zuordnen

Alter 2-3

westermann lernspiel

Die Inhalte und Übungsziele

Die Übungs-Anforderungen an die Kinder sind altersgerecht gestaltet: Sie sollen Bilder aus ihrer eigenen alltäglichen Umgebung erkennen und in nahezu unveränderter Darstellung wiederfinden und zuordnen.

Der Schwerpunkt der Übungen liegt somit in der nachhaltigen Beschäftigung mit den wichtigsten Grundwörtern: Erkennen, Abspeichern und Aussprechen der einzelnen Begriffe. Schritt für Schritt wird der kindliche Wortschatz erweitert.

Da diese Übungen in der Regel von Eltern oder Erzieherinnen oder Erziehern begleitet werden, ergibt sich über die Wortschatzerweiterung hinaus eine positive soziale Bindungswirkung.

Detaillierte Hinweise zur Sprachförderung mit bambinoLÜK gibt es am Ende des Heftes.

1 **bambinoLÜK-Bilder**
2 **Kuscheltiere**
3 **Spielzeug**
4 **Der Kopf**
5 **Kinderzeichnungen**
6 **Holzfahrzeuge**
7 **Tiere aus Knetgummi**
8 **Bastelsachen**
9 **Farben**
10 **Eigenschaften**
11 **Bewegungen**

So einfach spielst du bambinoLÜK:

Öffne das bambinoLÜK-Kontrollgerät und lege es auf dein aufgeschlagenes bambinoLÜK-Heft. Lege die sechs Plättchen mit den Symbolen nach oben auf die Aufgaben mit den gleichen Symbolen, also das Plättchen mit dem roten Symbol Haus auf die Aufgabe mit dem roten Symbol Haus oben links in der Ecke.
Wenn die Plättchen auf den Aufgaben liegen, nimmst du das Plättchen mit dem Symbol Haus und siehst dir die Aufgabe an, auf der das Plättchen lag.
Welches Bild auf der unteren Seite passt wohl dazu? Lege das Plättchen auf dieses passende Bild. Mach es ebenso mit den anderen fünf Plättchen und Aufgaben.
Schließe dann das bambinoLÜK-Kontrollgerät und drehe es nach oben um.
Jetzt siehst du das bei der Übung abgebildete Lösungsmuster.

Die Spielanleitung

Die Spielanleitung gibt es auch animiert unter www.luek.de

© 2010 Westermann Lernspielverlag GmbH, Braunschweig 2012 2011 2010
Autor: Michael Junga
Illustrationen: Frank Bayer, Duisburg
Druck und Verarbeitung: westermann druck GmbH, Braunschweig
ISBN 978-3-8377-7988-2

1 bambinoLÜK-Bilder

das Haus

das Herz

die Ente

das Auto

die Blume

der Apfel

Wo ist das gleiche Bild?

2 Kuscheltiere

der Teddy

der Hase

das Lamm

das Pony

die Katze

der Hund

Wo ist das gleiche Kuscheltier?

3 Spielzeug

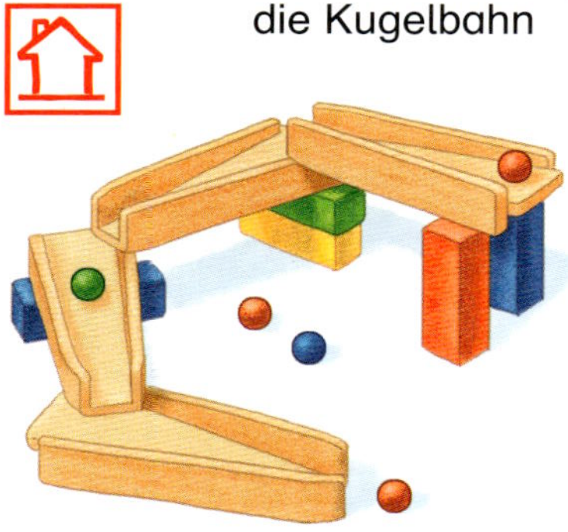

die Kugelbahn

die Bauklötze

der Ball

die Puppe

der Brummkreisel

das Puzzle

Wo ist das gleiche Spielzeug?

4 Der Kopf

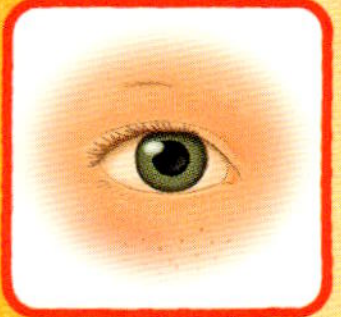

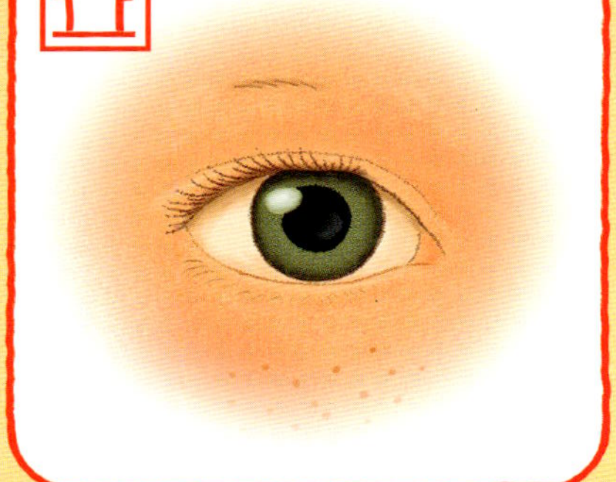
das Auge

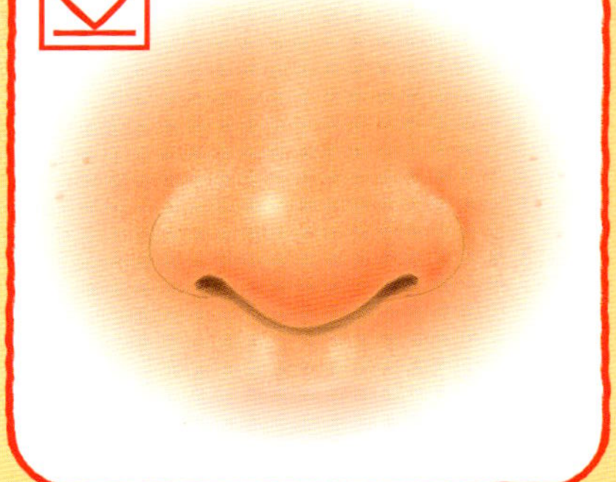
die Nase

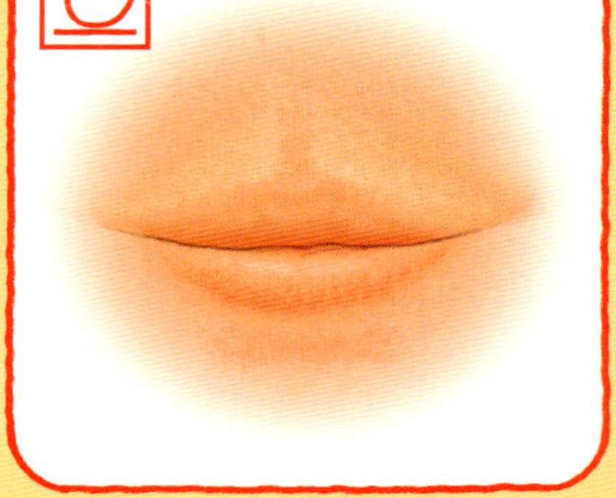
der Mund

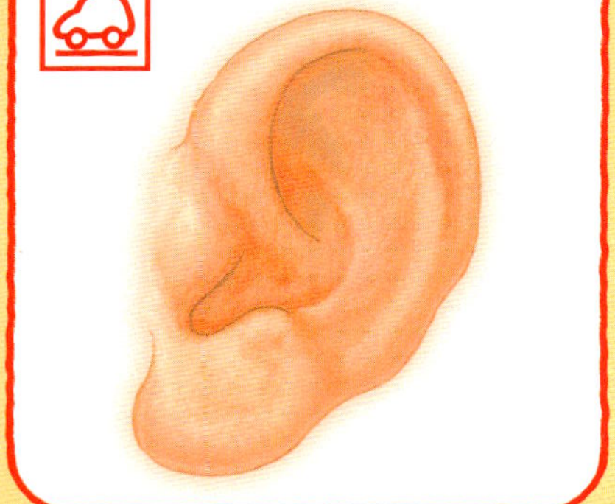
das Ohr

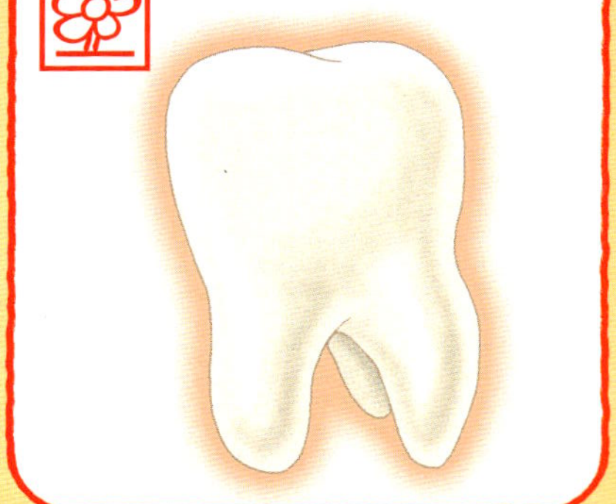
der Zahn

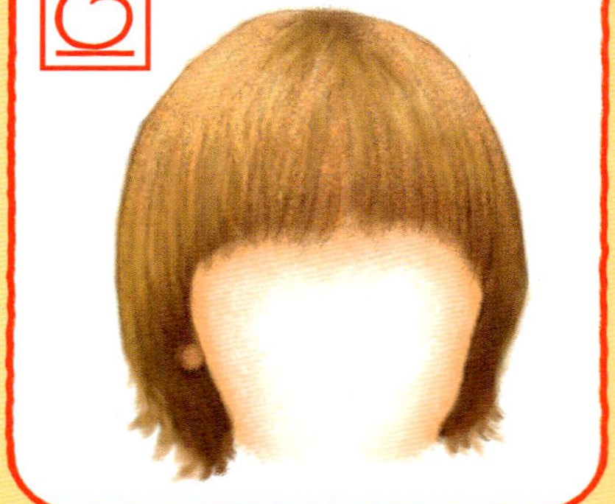
die Haare

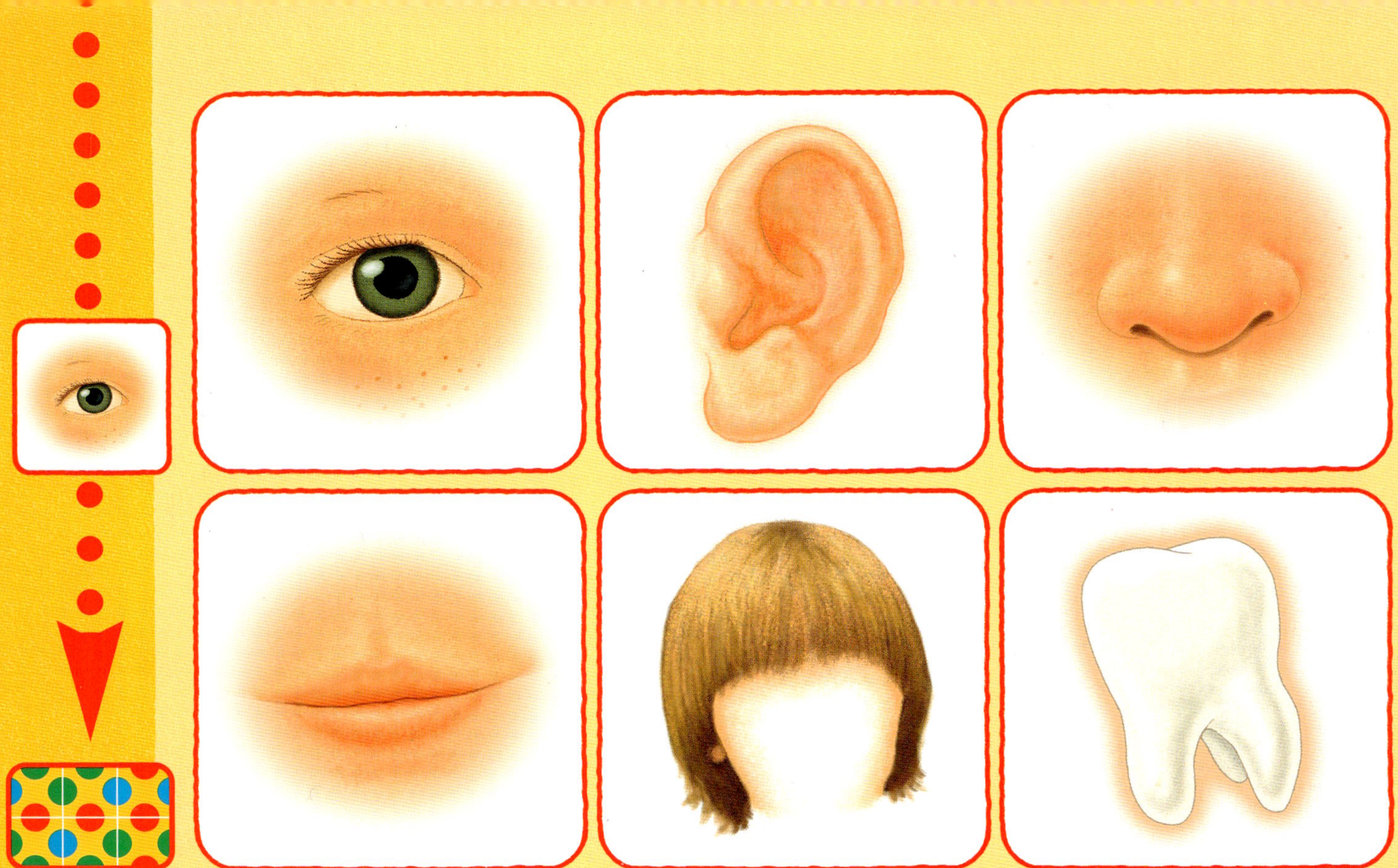

Wo ist das gleiche Bild?

5 Kinderzeichnungen

die Sonne

das Gesicht

der Baum

der Pilz

die Hose

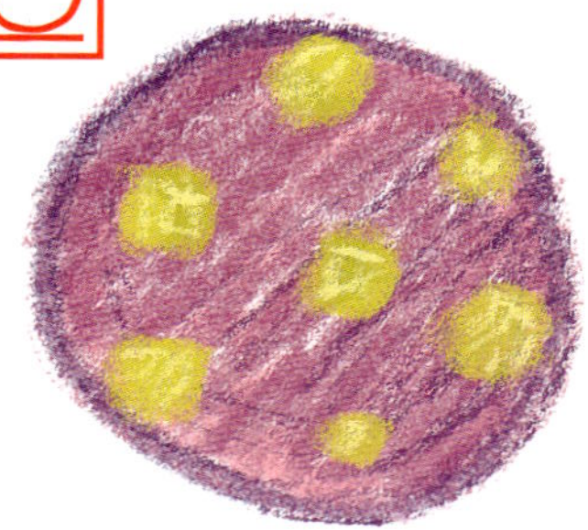

der Ball

Wo ist die gleiche Zeichnung?

6 Holzfahrzeuge

das Schiff

der Lastwagen

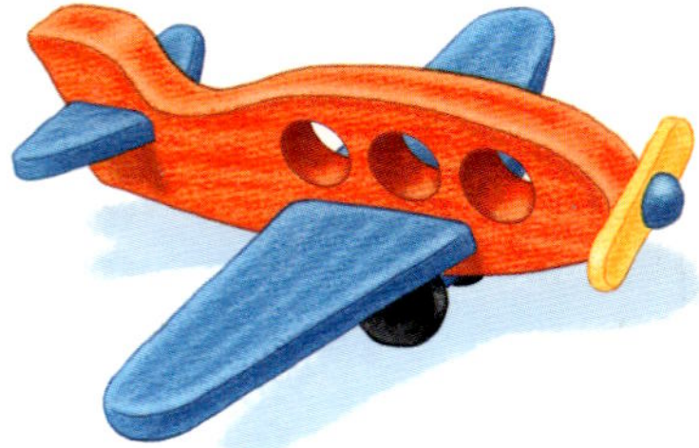

das Flugzeug

das Auto

der Bagger

der Trecker

Wo ist das gleiche Fahrzeug?

7 Tiere aus Knetgummi

der Elefant

der Löwe

das Nashorn

die Giraffe

die Schlange

das Zebra

Wo ist das gleiche Tier?

8 Bastelsachen

die Schere

die Wachsmalstifte

der Klebstoff

der Stempel

der Tuschkasten

der Kleberoller

Wo ist der gleiche Gegenstand?

g Farben

Rot

Gelb

Grün

Blau

Schwarz

Lila

Wo ist die gleiche Farbe?

10 Eigenschaften

groß

sauber

dick

klein

schmutzig

dünn

Wo ist das gleiche Bild?

11 Bewegungen

krabbeln

sitzen

laufen

klettern

fahren

hocken

Wo ist das gleiche Bild?

Sprachentwicklung mit bambinoLÜK

Da die Sprachentwicklung von Kindern sehr individuell abläuft (manche fangen früher an zu sprechen, die anderen später), darf man allgemeine Aussagen nur sehr vorsichtig formulieren. Aber bei einem normalen Entwicklungsverlauf der Kinder vom 2. Lebensjahr an ist in der Regel folgendes zu beobachten: Die Kinder verwenden in ihrer Sprache Alltagswörter, die sie in ihrer Umgebung aufnehmen. Sie fangen an, Zwei- und Dreiwortsätze zu sprechen, lernen die ersten Lieder zu singen und erfreuen sich an Musik und Tanz.

Mit dem 3. Lebensjahr beinhaltet der Wortschatz der Kinder dann bereits über 400 Wörter. Sie benutzen dabei nicht nur Nomen, sondern auch Adjektive, Adverbien, Artikel und erste Personalpronomen und Präpositionen.
Mit diesen bambinoLÜK-Übungen wird die Sprachentwicklung der Zwei- und Dreijährigen nachhaltig trainiert und gestärkt. Die Kinder werden dort abgeholt, wo sie sich in dieser Entwicklungsphase sprachlich befinden: bei der Zuordnung von gesprochenem Wort und dem zugehörigen Bild aus der unmittelbaren Lebensumgebung des Kindes. Alle hier verwendeten Wort-Bild-Themen sind den Kindern in der Regel geläufig, wenngleich natürlich Kindergartenkinder in diesem Alter erhebliche sprachliche Vorteile durch die anregungsreiche Kindergartenumgebung genießen.
In gleicher Ausstattung ist das bambinoLÜK-Wortschatzheft 'Mein Zuhause' erschienen.
Die Themenpalette wird erweitert und dient so der nachhaltigen Wortschatzerweiterung.

Viel Freude mit diesem Heft wünschen Ihnen
der Westermann Lernspielverlag
und der Autor Michael Junga

bambinoLÜK ab 2:

bambinoLÜK Das kann ich mit 2
ISBN 978-3-89414-**604**-7
Einfachste Übungen für unsere jüngsten bambinoLÜK-Spieler.

bambinoLÜK Das kann ich mit 2 1/2
ISBN 978-3-89414-**643**-6
Weiterführung einfachster Übungen für unsere jüngsten bambinoLÜK-Spieler.

bambinoLÜK Elefant u. Hase – allerbeste Freunde
ISBN 978-3-8377-**0664**-2
Tagesgeschichten, Freunde helfen sich, gemeinsame Unternehm-ungen ... und viele weitere Themen mit den beliebten Figuren.

bambinoLÜK Formen / Zeichen mit Elefant u. Hase
ISBN 978-3-8377-**0665**-
Basales Training zu Formen, Farben und einfachen Zeichen. Einfache Formen, Farben, Ausschnitte und Bestandteile erkennen, suchen und gedanklich zusammensetzen.

bambinoLÜK Das Gleiche wiederfinden
ISBN 978-3-8377-**7995**-0
Zuordnen gleicher Objekte und Bilder.

bambinoLÜK Die Veränderung zuordnen
ISBN 978-3-8377-**7996**-7
Zuordnen ähnlicher Bilder und Objekte.

bambinoLÜK Mein Zuhause
ISBN 978-3-8377-**7987**-5
Wörter und Bilder aus der unmittelbaren Umgebung zweijähriger Kinder: Wohnzimmer, Bad, Küche, einfache Tätigkeiten und Eigenschaften.

bambinoLÜK ab 3:

bambinoLÜK Das kann ich mit 3
ISBN 978-3-89414-**644**-3
Weiterführung einfachster Übungen für unsere jüngsten bambinoLÜK-Spieler.

bambinoLÜK Ein Tag mit Elefant und Hase
ISBN 978-3-8377-**7666**-9
Der Tageslauf vom Aufstehen bis zum Schlafengehen mit kurzen Vorlesetexten.

bambinoLÜK Erlebnisse m. Elefant u. Hase
ISBN 978-3-8377-**7667**-6
Kleine Ausflüge und Entdeckungsreisen aus der Sicht der Kinder mit kurzen Vorlesetexten.

bambinoLÜK Endlich Sommer mit Tina und Tim
ISBN 978-3-8377-**7992**-9
Sommerspaß in bunten Übungen: Strand- u. Gartenspiele, Eisessen, Sommerfest ... alles, was für Kinder und Eltern zum Sommer dazugehört.

bambinoLÜK Herbstspiele mit Tina und Tim
ISBN 978-3-8377-**7993**-6
Herbstspiele für aktive Kinder: Früchte sammeln, Kastanientiere basteln, Schlechtwetteraktivitäten.

bambinoLÜK Das Fehlende ergänzen
ISBN 978-3-8377-**7997**-4
Vervollständigen halbfertiger Objekte und Bilder.

bambinoLÜK Das Gesuchte entdecken
ISBN 978-3-8377-**7998**-1
Figur-Grundwahrnehmung.

Die Fortsetzung

basales Training

bambinoLÜK

momox
momox.com/sale
A-d2kejb

Meine kleine Welt – Erste Bildwörter 1

ISBN 978-3-8377-7988-2

Das fröhliche bambinoLÜK-Übungsheft
zur Sprachentwicklung für alle Kinder ab 2 Jahren.

So einfach wird mit bambinoLÜK gespielt:

- Einfache Übungen, von Kindern selbst zu lösen: Förderung des genauen Beobachtens, Vergleichens und Zuordnens.
- Erkennen von Gegenständen aus der alltäglichen Ur unveränderter Darstellung wiederfinden und zuordn
- Durch aufmerksame Mitarbeit werden der Wortscha die allgemeine Konzentrationsfähigkeit nachhaltig weiterentwickelt.

920-7988
Bambino Lük Meine kl. Welt
9 783837 779882
5 90
0056M

9 783837 779882

westermann lernspiel

www.luek.de